सोचती हूँ कभी-कभी

(दिल से काग़ज़ तक)

काव्या शेखर

ISBN: 9798895193303

Made with the Notion Press Platform

www.notionpress.com

कुछ शब्द

कभी अकेले में बैठे कई ख़याल मन में आते हैं, मेरे ही नहीं आप सबके मन में भी आते होंगे | मैंने उन सबको समेट कर बस काग़ज़ पर उतार लिया | इनमें से कुछ कविताएँ हैं तो कुछ ख़याल है | आप को इसमें जिंदगी के कई सारे रंग मिलेंगे, कुछ हक़ीकत हैं, कुछ मेरी कल्पना, कुछ आशा से लबरेज़ और कुछ निराशा से भरी हुयी | इसमें आपको ज़िंदगी के कई उतार चढ़ाव मिलेंगे | कहीं पहले प्यार का वो मीठा सा एहसास होगा तो कही प्यार में पागलपन और कही तकरार भी होगा | कहीं महबूब की तारीफ़ें होंगी तो कहीं उससे मिलने की ख़ुशी, और कहीं उससे जुदा होने का ख़ौफ़ | कहीं दोस्ती होगी तो कहीं ख़ुदा से शिकायत | कहीं उलझन भरे रास्ते होंगे, तो कहीं ख़ुद को सच्चा साबित करने की तड़प, कहीं सफल होने का मज़बूत इरादा तो कहीं असफल होने का दर्द | कहीं समंदर की गहराई हैं तो कहीं आसमान को भी ज़मीन पर लाने का हौसला | सोचती हूँ कभी कभी, के इस सफ़र में आप कई सारे रंगों से रूबरू होंगे | उम्मीद करती हूँ आप को ये रंग पसंद आयेंगे..

धन्यवाद

काव्या शेखर

ये किताब मैं अपनी
माँ
को समर्पित करती हूँ।

"रिश्ते वक़्त बदलते,
जल कर हो जाते है राख,
पत्थर भी पारस हो जाए माँ,
तू जो सर पर रख दे हाथ"

काव्या शेखर

<u>अनुक्रमणिका</u>

1. एक तू ही सच
2. अफ़साना
3. ये तेरा अंत नहीं
4. पिता
5. माँ की सूरत
6. मज़दूर
7. क्या सोचा होगा उसने ?
8. बेज़ुबां
9. आसमान
10. नहीं पता
11. काश
12. ख़ामोशी
13. भूला दूं तुम्हें
14. जाना-पहचाना सा
15. क्यों ?
16. रास्ते
17. मेरी ज़िंदगी
18. ऐ ख़ुदा
19. दस्तूर-ए-जवाबबंदी
20. दुनिया का हाल
21. क़िस्मत की लकीरें
22. कोई मिला था
23. अपना घर

24. माँ
25. दोस्त
26. मेरी दुनिया
27. लाश
28. बेमानी सी मुस्कराहट
29. क्या ख़ाक जी रहें
30. तेरी आंखें
31. ख़ास
32. दर्द की शुरुवात
33. मुलाक़ात
34. सोचती हूँ कभी-कभी
35. फ़साना
36. क़िस्सा
37. अकेला
38. मनसूबे
39. दर-बदर
40. रिहाई
41. इब्तिदा-ए-'इश्क़
42. तलाश
43. ग़फ़लत
44. बेताब
45. तमन्ना
46. क़िस्मत
47. तेरा ही सब कुछ
48. तग़ाफ़ुल

49. एक बार फिर से

50. प्यार की पनाह

51. कल की बात

52. मेरी तन्हाई

53. उजाले

54. काली स्याही

55. चले जाओ

56. दस्तूर

57. आँखों की जुबां

58. ज़िक्र

59. क़ाफ़िला

60. आवारगी

61. ज़िंदगी के रंग

एक तू सच है

अपनी गोद सुला ले माँ,
न जाने कितनी रातों से जागी हूँ,
तेरी मख़मली गोद छोड़,
न जाने किन सपनों के पीछे भागी हूँ ।

सब कुछ धोखा है माँ,
बस एक तू सच है और सच्चा तेरा प्यार,
कोई शर्त नहीं जिसमे,
जिसमे न कोई व्यापार ।

रिश्ते वक़्त बदलते,
जलकर हो जाते हैं राख़,
पत्थर भी पारस हो जाए माँ,
तू जो सर पर रख दे हाथ ।

नकारा कहकर हर इंसान ने,
तेरे हीरे को दुत्कारा है,
सौ ख़ामियों के बाद भी,
एक तूने ही अपनाया है ।
हे ईश्वर सब कुछ ले लो मेरा,

जो कुछ भी है मेरे पास,

फिर से लौटा दो वो बचपन,

मुझे फिर से दे दो माँ का प्यार |

Image by freeplk

अफ़साना

मेरी हसरतों का अफ़साना कुछ यूं हैं,
समंदर में बैठे हैं और पानी से फ़ासला कुछ यूं हैं |
मेरी हसरतों का अफ़साना कुछ यूं हैं !

महफ़िलों में जाने से डरते हैं,
और तन्हाईयों से भी परहेज़ कुछ यूं हैं |
मेरी हसरतों का अफ़साना कुछ यूं हैं !

इश्क़ के दर्द से बहुत दुखता हैं दिल,
और उसी दर्द से बेइंतेहा मोहब्बत भी कुछ यूं हैं |
मेरी हसरतों का अफ़साना कुछ यूं हैं !

ख़ुद के होने पर भी शक होता हैं,
पर ख़ुद की तलाश में भटकना भी कुछ यूं हैं |
मेरी हसरतों का अफ़साना कुछ यूं हैं !

=====

ये तेरा अन्त नहीं

ये तेरा अन्त नहीं ये तो शुरुआत है,

तेरे हौसलों के आगे तो झुकती कायनात है |

झुकना न कभी,

तुम इस सियाह रात के आगे |

ख़ुशियों से भरा दमन-ए-आसमां होगा,

इस ख़ामशी रात के आगे |

अभी तो मंज़िलें बहुत हैं,

कारवां बहुत हैं |

दुनिया करेगी सजदे,

तेरी हर बात के आगे |

ये तेरा अन्त नहीं ये तो शुरुवात है |

हर अंधियारी रात के बाद,

सुबह का सूरज फिर निकलता है |

तो डरना कैसा जो बीत गया सो बीत गया,

ये वक़्त है एक दिन तो बदलता है |

उठ कर बाहर देख, तेरी सुबह का सूरज,

तुझे अपनी बाहें खोले बुला रहा है |

नयी दिशायें, नयी पहचान और एक नयी दुनिया,
पलके बिछाये, तुम्हारे स्वागत को बेताब है |

ये तेरा अन्त नहीं, ये तो बस शुरुवात है,

Image by freepik

पिता

पिता वो है,
जो अपने बच्चों की रक्षा के लिए,
चट्टान बन जाता है |
हमारे पांव ज़िंदगी की धूप में न जले,
इसलिए वो ख़ुद ज़ख़्म खाता है |

जो हर त्यौहार पर हमको,
हर बार नए कपड़े दिलवाता है |
और ख़ुद वो अपने दो जोड़ी कपड़ों को,
सालों साल चलाता है |

इस समाज में हम किसी से पीछे न रह जाएँ,
वो दिन-रात मेहनत कर अपना ख़ून जलाता है |
हमारे चेहरे पर ख़ुशी रहे हर वक़्त,
इसलिए वो अपनी हर तकलीफ़ हँसके छुपाता है |

पिता वो है,
जो पल-पल की इच्छाओं को मार कर,
हमारी हर एक ख़्वाहिश को पूरा करता है |
हमारे पाँव जब चादर से बड़े हो जाते है,

तब वो ख़ुद हमारे लिए चादर बन जाता है |

Image by freepik

सोचती हूँ कभी–कभी

काव्या शेखर

मां की सूरत

तू अखंड प्रेम की मूरत है,
तुझसे प्यारी ना कोई सूरत है ।

तेरी ना कोई जाति है, ना है कोई धर्म तेरा,
तेरा ना कोई रूप है, ना ही कोई रंग तेरा ।
ना कोई अलग है तेरी बोली,
ऐ माँ, सच में, तू है कितनी भोली ।

तू जननी है तू पालनकर्ता,
तू देवकी, तू है यशोदा और तू है पन्ना धाय भी,
सहती कितना कुछ है, है शक्ति की परिचायिका तू,
जो लड़े दुखों से फिर भी हंसती रहे,
ऐसी जीवन की है नायिका तू ।

संसार ये बदला,रिश्ते बदले,जीने के ढंग हैं बदले,
ऐ मां ! पर हर युग में तेरी सूरत ना बदले ।
सदियां बीती,युग बीते मंद पड़ा ना तेरे चेहरे का तेज,
हर दुःख को सहकर भी तूने दिया हमें,
बस प्रेम ही प्रेम ।
युगों से आंखों में वही ममता का अथाह समंदर,

देवता भी नमन करते तुझको शीश झुकाकर ।

तेरा है उपकार मां मुझ पर,

जो कभी चुका ना पाऊंगी,

पर तेरा जीवन खुशियों से भर पाऊं,

तो धन्य स्वयं को पाऊंगी ।

तू अखंड प्रेम की मूरत है,

तुझसे प्यारी ना कोई सूरत है,

हां मां तुझसे प्यारी ना कोई सूरत है ।

====

मज़दूर

[ये कविता कोरोना के समय में उन मज़दूरों का हाल बयान करती है जो बेचारे हैरान,परेशान कुछ न मिलने पर पैदल ही अपने घरों की तरफ चल पड़े | जिनमे से कुछ ने मंज़िल पर पहुंचने से पहले ही दम तोड़ दिया]

एक सफ़र है अधूरा सा,

जो न जाने कब होगा पूरा सा |

कभी चिलचिलाती धूप में ख़ुद को जलाता सा,

तो कभी छांव की तलाश में ख़ुद को मिटाता सा ।

पांव में छाला है,

ना खाने को निवाला है |

जेब में ना पैसे हैं,

ना किसी का सहारा है ।

परिवार से दूर रह, उनकी फ़िक्र में,

वक़्त नहीं बिताना है |

बस चल पड़े हैं सफ़र पे,

आगे क्या होगा किसने जाना है ।

किससे करें शिकायत,

कौन सुनेगा फ़रियाद अपनी |

दर्द ना जाने कोई,

सबको पड़ी है अपनी-अपनी ।

ख़ाली वादे सुन-सुन कर,

सब्र का बांध टूट गया अपना ।

पैदल ही निकल पड़े हैं,

अब नहीं किसी के लिए है रुकना ।

जिसको देखो,जहां देखो,

बस ज्ञान हमें ही बांटें ।

दर्द हमारा वो क्या जाने,

पास है जिनके खाने को, घर है बिताने को रातें ।

किसको जान नहीं प्यारी,

अपनों पे बन आए तो कोरी सारी बातें हैं ।

ये चाँद अपना निकलता नहीं,

अब दिन भी अपने काले है ।

भीख कभी ना मांगी हमने,

मेहनत मज़दूरी करके खाया ।

घर बनाया दूसरों का,

कभी अपना घर ना बना पाया ।

मज़दूर हम कहलाते है,

अब मजबूर हो गए ।

हालात सुधरने की आस में,

ज़िन्दगी से ही महरूम हो गए ।

Image by freepik

क्या सोचा होगा उसने ?

क्या सोचा होगा उसने,
जो ये क़दम उठाया होगा |
उसके दिल और दिमाग़ के बीच,
एक युद्ध सा छाया होगा |
न जाने कितने ख़याल एक दुसरे से,
आपस में टकराए होंगे |
अंतरमन ने सही और ग़लत पर,
कई प्रश्न उठाये होंगे |
लड़ते-लड़ते फिर वो एक पल को,
हार गया होगा |
यहाँ पर ज़िंदगी का हर फ़लसफ़ा,
बेकार गया होगा |

जिन हाथों से उसको,
अपना भविष्य बनाना था |
उन हाथों से उसने,
एक फंदा बनाया होगा |
काली रात के सन्नाटे में,
फिर गले में पहना होगा |
फिर कुछ पलों के लिए,

वो एक बार थमा होगा |

बचपन से लेकर अब तक के,

सारे पलों को फिर से जिया होगा |

ये क़दम उठाने से पहले,

एक बार फिर सोचा होगा |

क्या हुआ जो exam में fail हुआ ?

क्या हुआ जो बार-बार दिल टूटा ?

क्या हुआ जो business ने सब कुछ लूटा ?

क्या हुआ जो ज़िंदगी में मुझसे सब कुछ छूटा ?

क्या हुआ जो ज़िंदगी में मैंने कोई अपना खोया ?

मैंने हारना नहीं सीखा,

मुझे जीतना होगा |

मुझे लड़ना होगा,

मुझे एक बार फिर से जीना होगा |

फिर से माँ के प्यार,

और बाबा के सपनों को संजोना होगा |

मैं नहीं रहा तो उनको कौन संभालेगा,

माँ को दवा दिलाने,

बाबा को walk पर लेकर कौन जायेगा ?

सोचती हूँ कभी–कभी   काव्या शेखर

मुझे लड़ना होगा,
मुझे एक बार फिर से जीना होगा |

मेरी एक छोटी बहन है प्यारी,
जिसकी मुझ पर है सारी ज़िम्मेदारी |
मैं नहीं रहा तो,
दुनियादारी उसको कौन सिखाएगा ?
समाज की बुरी नज़रों से कैसे बचना है,
ये उसे कौन बताएगा ?

ये सब सोचकर फंदे को उसने,
गले से हटाया होगा |
ज़मीन पर बैठ कर अपने हाथों से,
कसकर घुटने को सीने से लगाया होगा |
अनगिनत सवालों और जवाबों में,
वो बार-बार नहाया होगा |
अपने आप को बहुत ही बेबस,
और मजबूर सा पाया होगा |
फिर कमरे में चारों तरफ,
अपनी नज़रों को घुमाया होगा |
लौटने का उसे एक भी,
रास्ता नज़र नहीं आया होगा |

सोचती हूँ कभी-कभीकाव्या शेखर

ख़ुद से लड़ते-लड़ते,

फिर एक बार वो हार गया होगा |

फिर से एक बार उसने,

फंदे को गले से लगाया होगा |

मौत के क्रूर हाथों ने उसे,

काल की गोद में हमेशा के लिए सुलाया होगा |

क्या सोचा होगा उसने जो ये क़दम उठाया होगा ?

"इसका जवाब शायद किसी के पास नहीं होगा, पर कोई भी लड़ाई इतनी मुश्किल भी नहीं अगर उसके आगे डटकर खड़े हो जाओ | "

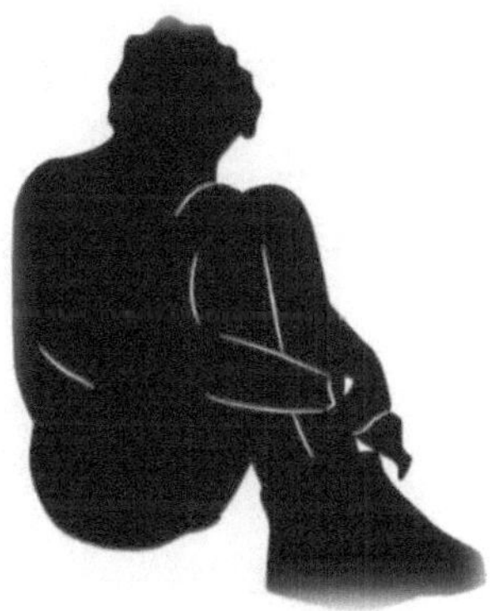

Image by freepik

बेज़ुबां

दिन बेज़ुबां से अपने, है बस ख़ामोश सी रातें,

न कहने को कुछ,न सुनने को कुछ बातें |

ये ख़ाली सी दीवारें,

जिनमे अब न कोई रंग रह गया, न कोई आकर्षण,

बड़ा बदरंग और वीरान सा,

हमें दीखता है अपने ही घर का दर्पण |

ये छत पर लगा तेज़ी से चलता हुआ पंखा,

ऐसा लगता है, हमारा ही मज़ाक उड़ाता हुआ हँसता |

ग़लती से भी कभी भी,

ख़ुशियों का क़दम हमारी तरफ नहीं बढ़ता,

ख़ामोशियाँ इतनी बढ़ गयी,

की ढूँढने से भी आवाजों का रास्ता नहीं मिलता |

अब तो अपने आइने से भी,

चेहरा छुपाने लगे हैं,

महफ़िलों में जाने और,

लोगों से मिलने से कतराने लगे हैं |

कहीं कोई ये न पूछ बैठे,

की क्या चल रहा है ज़िंदगी में,

बस रात-दिन इसी बात से घबराने लगे हैं |

न मन करता सुनाने को कुछ, न बताने को हैं कुछ बातें,

दिन बेज़ुबां से अपने, है बस ख़ामोश सी रातें |

डर लगता है की इस ख़ामोशी में,

कहीं ख़ुद ख़ामोश न हो जायें,

तन्हाइयों के इस शहर के,

हम बाशिंदे न हो जायें |

काश कुछ ऐसा हो की,

कुछ पल सुकून की आग़ोश में सो जायें,

काश ये सुकून, बस हमेशा के लिए,

मेरे पास ही थम जाए |

=====

सोचती हूँ कभी–कभी   काव्या शेखर

आसमान

माँ ज़मीन है तो आप आसमान हो,
हम सबका अभिमान हो |
ऊँगली पकड़ कर चलना सिखाया,
लड़खड़ाते क़दमों को हौसला दिखाया |
आपसे ही सीखा है,
छोटा हो या बड़ा सबका सम्मान करना |
मुश्किलें चाहे कितनी भी बड़ी हो,
उनसे डटकर लड़ना |
आप से ही सीखा है बिना रुके,बिना थके,
अपना कर्म करना |
बाकी दुनिया क्या कहती है, क्या करती है,
इसकी फ़िक्र न करना |

कितनी भी मुश्किल हो,
आप अकेले ही सब सह जाते हैं |
हमारी ख़ुशियों के लिए,
अपनी इच्छाओं को पल-पल मारते हैं |
हम ज़िंदगी में मुश्किलों से लड़ पाए,
मज़बूती से आगे बढ़ पाए,

इसीलिए कभी-कभी सख़्त भी बन जाते हैं |

पर हमें पता है की सबसे नज़रें बचाकर,

आंख के किसी कोने में एक कतरा आंसू भी रखते हैं |

हमेशा हौसला बढ़ाते, नाकामयाबी में भी पीठ थपथपाते,

हमेशा कहते हैं की कोशिश में ही तो जीत है |

जीवन में कभी हारना तो कभी जीतना,

ये ही तो इस जीवन की रीत है |

माँ से हमें ज़िंदगी मिली है ,

जीने का सलीका आपसे सीखा है |

माँ से बिना शर्तों के प्यार,

तो मुश्किलों में हिम्मत से लड़ना आपसे सीखा है |

अपनी जुबां से कभी भी कुछ नहीं कहते हैं,

पर माँ जीतना प्यार आप भी हमसे करते हैं |

हमारी पहचान, हमारा स्वाभिमान हैं आप,

माँ जमीन तो, बाबा हमारा सारा आकाश हैं आप |

=====

नहीं पता

नहीं पता की कितना प्यार है,
तुझे मुझसे और मुझे तुझसे,
जानते हैं तो बस इतना,
तुम्हारे बिना जी न पाएंगे |

नहीं पता तेरी बाँहों का आशियाँ,
ताउम्र साथ होगा या नहीं,
पर इतना ज़रूर पता है की,
इनके सिवा सुकू कहीं न पाएंगे |

नहीं पता तेरी साँसों की महक,
कब तक मेरे बदन को महकाएगी,
पर ये भी सच है की,
इनके बिना सांस भी न ले पाएंगे |

नहीं पता मेरे हाथों में तेरे नाम की लकीर,
कब तक बसर कर पायेगी,
पर मेरे दिल की गहराईयों में बसी तेरी याद,
कभी ना मिट पायेगी |
दुनिया से छुपा कर तेरे नाम की हिना,

जो हथेलियों में लगायी थी,

नहीं पता, उसका रंग,

कब तक फीका न पड़ पायेगा |

तेरे साथ बिताया हर पल, उम्र के हर कारवां के साथ,

तेरे इश्क़ का रंग और भी सुर्ख़ होता जायेगा |

नहीं पता कैसे भूलूंगी ये आवाज़,

जो मेरे कानों में एक धुन सी छेड़ जाती है,

नहीं पता कैसे भूलूंगी वो तेरा मुस्कुराना,

जिनको देखकर हम सब कुछ भूल जाते हैं,

नहीं पता की तुमको भूलकर,

ख़ुद को भी याद कैसे रख पाएंगे,

पता है तो बस इतना,

की तुम्हारे बिना जी न पाएंगे |

=====

काश

काश हम अपने अतीत में जा पाते,
जो कुछ भी ग़लत हुआ वो ठीक कर पाते,
और अपने आज को हसीन कर पाते,

जिस कल के ग़म का साया आज पे है,
काश उस कल को कुछ ख़ुश-नुमा कर पाते |
जिस कल के ज़ख्मों के निशान आज भी हैं,
काश उस पल में जाके हम मरहम रख पाते |

वो रिश्ते जो कल मेरी वजह से कहीं गुम हो गए,
काश उन्हें अपने होने का एहसास दिला पाते |
हम स्वार्थी थे जो बस अपना ही देखा,
काश उस पल उन अपनों के लिए खड़े हो पाते |

एक रिश्ते के पीछे भागते-भागते,
बाकी रिश्तों को दर-किनार कर दिया,
उस रिश्ते के साथ बाकी रिश्ते भी अनमोल है,
काश पीछे जाकर उन्हे ये यकीं दिला पाते |

उस कल की सज़ा हम आज भी,

दिल के अंदर ही अंदर काट रहे,

काश अतीत में जाके,

उन रूठे हुए अपनों, टूटे हुए सपनों को जोड़ पाते |

काश हम अपने अतीत में जा पाते,

काश को काश हक़ीक़त में जी पाते,

पर बहुत देर हो गयी,

गुज़रा हुआ वक़्त और पल कभी वापस नहीं आते |

इसलिए वक़्त रहते ही सही कर लो जो करना है,

उसके बाद तो बस जिंदगी भर काश में ही रहना है |

=====

ख़ामोशी

एक अजीब सी ख़ामोशी है इन फिज़ाओ में,
एक वीरानी सी है फैली इन हवाओं में |

अब तो सुबह की धूप भी,
जलाती है दिल को,
शाम एक डरावने से साये की तरह,
लिपट जाती है मुझको |
बहुत कोशिश की इन सायों को उतार कर,
कही दूर फेंक दूं,
पर हर दफ़ा जितनी शिद्दत से कोशिश की,
ये उतनी ही कसके जकड लेती मुझको |

क्यों लगता है की मेरे अंदर,
कुछ मर सा गया है,
झूठी मुस्कराहट के पीछे,
सब कुछ ख़तम सा हो गया है |
फिर भी न जाने क्यों,
उसकी लाश को कंधों पर उठाये ढो रहे हैं,
ख़ायद, उसे जलाने की हिम्मत नहीं जुटा पा रहे हैं |

====

भूला दूं तुम्हे

सबने कहा भुला दूं तुम्हे,

मैंने कहा चलो कोशिश करके देखते हैं,

जो मुझे जीने दे तेरे बिन,

ऐसी कोई वजह ढूंढते हैं ।

जब पहली बार तूने पकड़ा था मेरा हाथ,

उस एहसास को ज़रा कसके झटकते हैं ।

वो तेरी साँसों की गरमाहट को,

जब पहली बार मेरे बदन ने महसूस की,

चलो उन साँसों की गर्माहट को,

बर्फ के नीचे दबा देते हैं ।

चलो कोशिश करके देखते हैं ।

वो घंटो मेरे बालों में तेरी उँगलियों को फेरना,

उस छुवन को कहीं दूर बहुत दूर फेंकते हैं ।

वो नज़रों ही नज़रों में,

एक दुसरे से बहुत सी बातें करना,

उन नज़रों को हमेशा के लिए,

ख़ामोश कर देते हैं ।

चलो कोशिश करके देखते हैं ।

वो रातें जो तेरे साथ मैंने भी जाग कर काटी,

वो सुबह तक दिल की हर बात एक दुसरे से बांटी ।

चलो उस रात को वापस से वहीँ सुला देते हैं,

दिल की हर बात को उस रात के आग़ोश में ही,

दफ़न कर देते हैं ।

चलो कोशिश कर के देखते हैं,

जो मुझे जीने दे तेरे बिन ऐसी कोई वजह ढूंढते हैं ।

====

जाना-पहचाना सा

ज़िंदगी के रास्तों पर यूं ही,

चलते-चलते कोई मिल गया था ।

बहुत दिन हो गए,

चेहरा भी कुछ धुंधला-धुंधला सा याद था ।

उसकी आवाज़ भी ठीक से निकल नहीं रही थी,

पर थी कुछ जानी पहचानी सी ।

बहुत कोशिश करने पर याद आया की,

यादों के परतों से,

कोई जाना-पहचाना सा चेहरा झाँक रहा था ।

ग़ौर से देखा, अरे !

ये तो वही ख़ुशी है,

जिसकी तलाश मैं वर्षों से कर रही थी ।

━━━━━

क्यों ?

जिसके आने की कोई राह न हो,
फिर उसका इंतज़ार हैं क्यों ?
जो ख़्वाब न पूरे हो पाए,
आँखों ने देखे वो ख़्वाब ही क्यों ?

तुम बिन कोई कमी नहीं थी फिर भी,
मेरी दुनिया इतनी उदास हैं क्यों ?
जिस गीत को गुनगुना हो मुश्किल,
होठों पर वो सुर है क्यों ?

भूलना चाहता है दिल तुझे,
फिर तू मुझको याद है क्यों ?
न जाने उस ख़ुदा को क्या सूझी,
उसने दिलों में जगाया प्यार ही क्यों ?

आँखों में हर पल दे जाता है आंसू,
फिर भी लोग करते हैं प्यार ही क्यों ?
तू इतनी दूर है मुझसे,
फिर भी तू मेरे इतने पास है क्यों ?

रास्ते

रास्ते हो कठिन कितने भी कट जायेंगे,

अगर बुलंद हो हौसले ।

दूर हो मंजिल कितनी भी,

मिट जायेंगे ये फ़ासले ।

पीछे न भागना,

कभी परछाइयों के ।

जलाते ही रहना चिराग,

अपनी अच्छाइयों के ।

ख़ुशियों में दूसरों की ढूंढना अपनी ख़ुशी,

ग़म होंगे कोसों दूर,

हर पल साथ होंगे ख़ुशियों के क़ाफ़िले ।

झुकना न कभी, रुकना न कभी,

न पनाह देना मायूसियों को ।

फिर देखना, बढ़ते ही जायेंगे जीत के सिलसिले ।

=====

मेरी ज़िंदगी

मेरी ज़िंदगी इतनी ख़ाली सी क्यों है,

सब कुछ तो है पर बेगानी सी क्यों है ?

समझ नहीं आता कौन किससे ख़फा है,

ज़िंदगी हमसे या हम ज़िंदगी से ख़फा है |

इस अजनबी सी दुनिया में ,

ख़ुद को भी पहचानना इतना मुश्किल सा क्यों है ?

दूर बहुत दूर जाना चाहती हूँ,

पर न जाने पैरों में ये ज़ंजीर सी क्यों है ?

ये कमबख़्त दिल भी,

कभी कुछ कहता है कभी कुछ,

इस दिल के अंदर, अजीब सी कशमकश सी क्यों है ?

बहुत कोशिश की,

पर मैं आज तक नहीं समझ पायी कि,

ये दिल भीड़ से डरता पर,

तन्हाई से भागता सा क्यों है ?

मैं नहीं हूँ उदास, मेरी आँखों में नमी भी नहीं है,

पर मुस्कराहट हर दफ़ा लगे बेमानी सी क्यों है ?

सोचती हूँ कभी–कभी   काव्या शेखर

मेरी ज़िंदगी इतनी ख़ाली सी क्यों है ?

सब कुछ तो है पर बेगानी सी क्यों है ?

सोचती हूँ कभी–कभी

काव्या शेखर

ऐ ख़ुदा

ऐ ख़ुदा मैंने दिल से की तेरी बंदगी,
माना तेरा हर हुक्म |
फिर क्यों फैला है,
हरसू ये ज़ुल्मत-सरापा |
है महरूम क्यों मेरी आस्ता,
तेरे नवाज़ से,
तुने ही तो कहा था की,
रहबर बनकर तू हर क़दम मेरे साथ है |
फिर मेरी सदा सुनकर भी,
तू क्यों नहीं आया ?
मैं कुछ नहीं पूछुंगा तुझसे !
फ़क़त इतना बता दे,
की क्या इस मतलबी दुनिया की तरह,
तू भी हो गया ?

====

दस्तूर-ए-जवाबबंदी

कब तक चलेगी,

तेरी दस्तूर-ए-जवाबबंदी |

क्यों लगा रखी है तूने,

अपने दिल की सदा पर पाबन्दी |

दौर-ए-ज़माँ में,

ये मंदिर और काबे की जंग-ओ-जदल,

कब ख़त्म करेगा,

ये ग़ैरियत के फ़साने ?

तू क्यों बन बैठा है,

आप ही आप का दुश्मन ?

रहबर भी तू है,

और रहज़न भी तू है,

छोड़कर ये रंजिशें सारी,

बसा दे बयाबान-ए-मोहब्बत |

=====

दुनिया का हाल

ओ ऊपर वाले देख तेरी इस दुनिया का,
क्या हाल हो गया,
लोगों का हाल बड़ा बेहाल हो गया |

अब तो ईमान यहाँ कौड़ियों में बिकते हैं,
भावनाएं और प्यार तो सोने-चांदी में तुलते हैं |

हर एक चीज़ का यहाँ पर मोल है,
किसी ने सच ही तो कहा है की दुनिया गोल है |

इंसान तो इंसान अब तो लाशों का भी मोल है,
झूठ का है बोलबाला, ख़ामोश सच के बोल हैं |

इंसान बन बैठा है आप ही आपका दुश्मन,
अब तो चारों तरफ है बस सिक्कों की ठन-ठन |

=====

क़िस्मत की लकीरें

जो है ढूंढ ले उसमें ही अपनी ख़ुशी,

जो नहीं है उसके लिए उदास है क्यों ?

ख़ुशियों के बहाने बहुत हैं रे पगले,

फिर तेरे होठों पे ये प्यास है क्यों ?

आज नहीं तो कल मिल जाएगी जो है तेरी मंज़िल,

फिर तू इतना हताश है क्यों ?

लिखनी है तुझे ख़ुद अपनी कहानी,

बदलनी है क़िस्मत की लकीरें,

फिर दूसरों से करता है आस ही क्यों ?

चल उठ, खड़ा हो जा,

अपने मज़बूत इरादों के पाँव लेकर,

उड़ कर छु ले उन उचाईयों को,

हौसलों के पंख लेकर |

=====

कोई मिला था

न कोई शिकवा था उससे,
न कोई गिला था,
आज तक नहीं भूल पाए,
सालों पहले मिला जो कोई था |

वो बारिश में भीग कर उसका इज़हार-ए-मोहब्बत करना,
कांपते होठों से मेरा वो इक़रार करना,
आज भी ज़िन्दा है मुझमे वो एहसास,
जो कराया कभी उसने था |

वो चला गया मुझे छोड़कर,
पलट कर एक बार भी नहीं देखा,
पर हम आज भी उसी मोड़ पर खड़े हैं,
जहां कभी अपनी मोहब्बत में क़ैद किया उसने था |

जाते-जाते बता तो जाता एक बार,
अपने जाने का सबब,
हम आज भी ढूंढ रहें हैं उसका जवाब,
कि मुझे किस गुनाह की सज़ा दिया उसने था |

मालूम है दिल को वो नहीं आयेगा, फिर भी इंतज़ार है,

क्या पता निभा जाए वो अपना वादा,

जो मेरे साथ हमेशा रहने का किया कभी उसने था।

न कोई शिकवा था उससे,

न कोई गिला था,

आज तक नहीं भूल पाए,

सालों पहले मिला जो कोई था।

=====

सोचती हूँ कभी–कभी

काव्या शेखर

अपना घर

वो अपना घर, घर का आंगन बहुत याद आता है,
वो छोटी-छोटी ख़ुशियों में,
त्योहार मनाना बहुत याद आता है |

वो ज़रा सी छींक आना,
मां का पूरा घर सर पर उठाना याद आता है |
वो खाने पे मेरा मुहं बनाना,
पापा का अपने हाथ से खिलाना याद आता है |
वो हमें ज़रा सी चोट लगने पर,
मां की दर्द से आंखें भर जाना याद आता है |
वो नाकामयाब होने पर,
पापा का हौसला बढ़ाना बहुत याद आता है |

वो घर की छत पर बैठ कर,
भाई से एक गाना सुनने की फ़रमाइश करना,
और उसका भाव खाना याद आता है,
वो मेरी बहन का मेरे लिए,
सबसे लड़ जाना बहुत याद आता है |
भाई बहनों की नोक-झोंक,
और जम कर लड़ना,

फिर एक दूसरे को कसके,

गले लगाना बहुत याद आता है |

वो माँ से दोस्तों के साथ,

बाहर जाने की अनुमति न मिलने पर,

उन कमीने दोस्तों का,

emotional blackmail करना बहुत याद आता है |

वो दो कप चाय में छ: लोग,

और चार रुपए वाला पार्ले-जी,

छीन कर खाना बहुत याद आता है।

वो अपना घर, अपना शहर और अपने दोस्त,

बहुत याद आते है |

वो अपना घर, वो अपने घर का आंगन,

बहुत याद आता है,

वो छोटी-छोटी ख़ुशियों में,

त्योहार मनाना बहुत याद आता है |

=====

मां

हम सब एक सूक्ष्म कण है,
तू है गगन विशाल |
तेरे हृदय में है,
प्रेम का अथाह अंबार ।

हमारा प्रेम भले कम हो जाए पर तेरा प्रेम कभी ना घटे,
बस अनंत प्रेम ही प्रेम तूने है हमको बांटे |
हमको आशीर्वाद देते, प्रार्थना करते बस कटती तेरी रातें,
मां हमसे ही शुरू होकर हमपे ही ख़तम होती तेरी बातें |
तू धरती पर ईश्वर है,
विधाता भी तेरे आगे शीश झुकाते ।

हर समय तेरी दृष्टि हम पर ही होती थी,
देर से घर आने पर तू हमको डांटती थी |
बुरा तो लगता था हमको,
पर हमसे ज्यादा बुरा तुझे लगता था |
ऐसा नहीं की, तुझको हमपे विश्वास नहीं था,
हम पर तो था पर परायों पर नहीं था |,
थे नासमझ हम, समझ नहीं पाए,
कि उस डांट के पीछे तेरी चिंता थी |

सोचती हूँ कभी—कभी   काव्या शेखर

तू बचाती थी हमें हर पीड़ा से,

इस संसार की दूषित दृष्टि से ।

तू बचाती थी हमें,

हम पर उठ रही समाज की क्रूर उंगलियों से ।

तुने अपने आंचल में हमें छुपाकर,

बचाया है हर एक दुःख-दर्द से ।

नज़र उतरना, कला टीका, क्या-क्या करती,

हमें बचाने के लिए हर विपदाओं से ।

जब तक हम घर ना पहुंचे,

चैन से तू ना रहती थी ।

घर के दरवाज़े, खिड़की पर,

नयन बिछाए रहती थी ।

घर आने पे हमारे,

तू हमको झूठा क्रोध दिखाती ।

फिर स्वयं हमारी पसंद का,

ख़ुद ही खाने को ले आती ।

स्वयं जागकर सारी रात,

थपकी देके हमें सुलाती ।

लाखों अवगुण हो हममें,

पर वो हमको ही सर्वश्रेष्ठ बुलाती ।

तू जननी,तू प्रेरणा,

तू ही शक्ति है ।

तू ही पहला गुरु,

और तू ही पहली भक्ति है ।

तूने ही पहली बार,

उंगली पकड़ कर हमें चलना सिखाया ।

तूने ही हर मोड़ पर,

उचित और अनुचित बताया ।

हमनें हमेशा ही पाया है तुझसे,

बिन मांगे ही कितना कुछ ।

तू लुटाती रही असीम प्रेम बस,

कभी नहीं हमसे मांगा कुछ ।

इस बार भी तुझसे मांग रही हूं मां,

दे दे अपने चरणों की धूल ।

माफ़ कर देना अगर इस नासमझ से,

हो जाएँ कुछ भूल ।

हम सब एक सूक्ष्म कण है,तू है गगन विशाल ।

तेरे हृदय में है, प्रेम का अथाह अंबार ।

====

दोस्त

दुनिया की इस भीड़ में हमें कुछ लोग ऐसे मिलते हैं,

बेगाने होकर भी अपनों से बढ़कर लगते हैं |

मुश्किलों की दौर में साथ-साथ चलते हैं,

ज़िन्दगी के गुलशन में ख़ुशबू बनकर महकते हैं |

कभी धुंधले से नज़र आये रास्ते तो,

उन रास्तों पर रौशनी बनकर बिखरते हैं |

बहुत क़िस्मत से ऐसे लोग मिलते हैं,

जिन्हें हम अपना सच्चा दोस्त कहते हैं |

काव्या शेखर

मेरी दुनिया

नहीं मैं इस जहां की,

जाना चाहती हूँ उस जहां में,

जहाँ कोई तो मेरा हो |

जहाँ चारों तरफ बस,

ख़ुशियों का घेरा हो |

जिसे मुझ पर यक़ीन हो,

जहाँ हर बार ना हो कोई कटघरा |

जहाँ ना हो हर बार,

अपने सच को साबित करने का सवाल खड़ा |

ऐ दिल चल चलें उस अपने जहां में ,

जहाँ प्यार की शर्त सिर्फ प्यार हो,

जिसमे न कोई व्यापार हो |

नहीं मैं इस जहां की,

जाना चाहती हूँ उस जहां में,

जहाँ कोई तो हो, जो मुझे समझता हो |

वो दुनिया जो सिर्फ और सिर्फ,

मुझसे वाबस्ता हो |

जहाँ कोई तो ये एहसास दिलाये,

की उसका दिल सिर्फ मेरे लिए धड़कता है |

जिसकी आँखों में सिर्फ मेरे सपने हो,

जिसके लिए मैं ख़ास बहुत ख़ास हूँ ये जताए कोई ।

नहीं मैं इस जहां की,

जाना चाहती हूँ अपनी दुनिया में ।

पर कहाँ जाऊ ?

मेरी इस दुनिया की हस्ती तो बस ख़्वाबो में ही है,

शायद जैसे मेरा कोई वजूद नहीं,

वैसे ही इस दुनिया का भी कोई अस्तित्व नहीं,

हाँ हाँ मेरी इस दुनिया का कोई अस्तित्व नहीं है ।

=====

लाश

एक ज़िन्दा लाश हूँ मैं, न तो ख़ुद जी सकती हूँ,
न किसी को जीने की वजह दे सकती हूँ |
कुछ नहीं बचा मुझमे, बस एक ख़ाली सी ईमारत हूँ,
जो गिरना चाहती है पर गिरती नहीं,
ख़ुदा की भी अजीब सी शरारत हूँ |
मेरे जीने का मक़सद क्या है कभी-कभी सोचती हूँ,
अजनबी से रास्तों पर पहचाने से दोस्त ढूंढती हूँ |
बस ऐसे ही जिये जा रहे हैं, इंतज़ार में सुबह के,
पर फैले है जाल चारो तरह सियाह रात के |

Image by freepik

बेमानी सी मुस्कराहट

ज़िन्दगी इतनी ख़ाली सी क्यों है,

सब कुछ है पर बेगानी सी क्यों है ?

समझ नहीं आता कौन किससे ख़फ़ा है,

ज़िन्दगी हमसे या हम ज़िन्दगी से ख़फ़ा हैं |

दुनिया की इस भीड़ में,

ख़ुद को भी पहचानना इतना मुश्किल सा क्यों है ?

जाना चाहती हूँ दूर बहुत दूर कहीं,

पर पैरों में ये ज़ंजीर सी क्यों है ?

ये कमबख़्त दिल भी कभी कुछ कहता है कभी कुछ,

दिल के अंदर अजीब सी कशमकश सी क्यों है ?

आज तक नहीं समझ पायी,

ये दिल भीड़ से डरता और तन्हाई से भागता क्यों है ?

मैं ख़ुश हूँ, मैं नहीं हूँ उदास,

मेरी आँखों में नमी भी नहीं है,

पर मुस्कराहट हर दफ़ा लगे बेमानी सी क्यों है ?

मेरी ज़िन्दगी इतनी ख़ाली सी क्यों है ?

=====

क्या ख़ाक जी रहे हो तुम

क्या ख़ाक जी रहे हो तुम,

ज़िंदगी के रास्ते बड़े ही पेचीले हैं, दर्दीले हैं,

उनसे घबरा के हर बात पर आंसू बहा रहे हो ।

सच झूठ की चक्की में पिस कर,

चेहरों पर झूठी मुस्कान लिए,

क्या ख़ाक जी रहे हो तुम ।

घुटी-घुटी सी सांसें है, खुली हवा से भागे है,

गुस्सा,स्वार्थ और अंहकार में उलझे सच के धागे हैं ।

बड़ी-बड़ी बस बातें है, तू मतलब में दिन काटे है,

झूठे रिश्तों में उलझे ऐसे कि ख़ुद का जीना भूल गए,

और कहते हो की हम जी रहे हैं, क्या ख़ाक जी रहे हो
तुम ।

=====

तेरी आँखें

तेरी आँखें झील से भी गहरी है,

जिनमें मेरी सुबह-शाम दुपहरी है ।

उनमें ठहराव भी है और बहता हुआ समन्दर भी,

जिनमें बहती हुयी मैं उस दुनिया में पहुंचती हूँ,

जहाँ रहती है इश्क़, मोहब्बत और ऐतबार की परियां भी।

उनमें एक सच्चाई है,

जो उन आँखों को छोड़कर सबसे कर देती परायी है ।

वो पारदर्शी है, जिनमें न ग़म छुपता है न ख़ुशहाली,

इन आँखों ने ही तो मुझसे मेरी पहचान करायी है ।

Image by freepik

ख़ास

हमें ये लगता था की हम ख़ास, बहुत ख़ास है उसके,
पर कब उसने ग़ैरों में शामिल कर दिया,
पता ही नहीं चला ।

उसका दर्द बांटने की मसरूफ़ियत में,
कब हम ही दर्द हो गए उसके पता ही नहीं चला ।

ख़ुद से किया था वादा, उसकी आँखों से,
आंसू का एक क़तरा तक नहीं गिरने देंगे,
पर कब उसको ही दर्द के समंदर में ही डुबो दिया,
पता ही नहीं चला ।

मैंने ख़ुद से कहा था की,
न उसको कभी गिरने देंगे न झुकने देंगे,
पर कब हम ही उसकी नज़रों में गिर गए,
पता ही नहीं चला ।

हर पल, हर लम्हा,
उसकी ख़ुशियों की दुआ मांगते-मांगते,

कब उसके लिए ही बद-दु'आ बन गए,
पता ही नहीं चला |

अपने प्यार और अपनी बेगुनाही का, सुबूत देते-देते,
कब हम ख़ुद के ही गुनहगार हो गए,
पता ही नहीं चला |

====

दर्द की शुरुवात

न जाने कितनी बार टूटी हूँ,
जब उसने कहा उसके लिए झूठा है प्यार मेरा |

न जाने कितनी ही रातें इन आँखों ने जाग कर निकाली,
जब उसने कहा की उसके हर दर्द की शुरुवात हूँ मैं |

न जाने कितनी बार इन आँखों ने समंदर बहाए होंगे,
जब उसने कहा की हम एक साथ नहीं चल सकते |

न जाने कितनी बार मैं पल-पल मरी हूँ,
जब उसने कहा की उसे मुझपर ऐतबार नहीं |

मैं जी रही हूँ बस उस एक पल को,
जब कभी उसने कहा था की उसे प्यार है मुझसे |

====

मुलाक़ात

बहुत दिन हो गए ख़ुद से ख़ुद की मुलाक़ात हुए,

ख़ुद से ही ख़ुद की बात हुये ।

अब बात भी क्या होगी,

न सुनने को कुछ, न कहने को कुछ है ।

ज़िन्दगी शून्य सी हो गयी है,

न जाने कहाँ खो गयी है ।

ऐसा लगता है गुम सा हो गया है कुछ,

पर क्या ? पता नहीं ।

अब न कुछ पाने की ख़ुशी रही,

और ना कुछ खोने का ग़म रहा ।

अब ना आता है गुस्सा ख़ुद पर,

ना पहले जैसा ख़ुद से प्यार रहा ।

ज़िन्दगी ऐसी उलझ सी गयी है,

कुछ समझ नहीं आता क्या ग़लत क्या सही है ।

सोचती हूँ कभी-कभी

सोचती हूँ कभी-कभी मेरे होने का सबब क्या है ज़िन्दगी,
जो अपने हैं, अगर मैं न होती उनकी ज़िन्दगी में,
तो क्या उनकी ज़िन्दगीयां कुछ और होती,
सोचती हूँ कभी-कभी ।

जो ख़्वाब बचपन से देखे अगर वो ना पूरे कर पाएं,
तो मुझमे क्या बदल जाएगा, सोचती हूँ कभी-कभी ।

यूं डर-डर कर घुट-घुट कर ख़ामोशी से सब न सह कर,
एक बार आवाज़ उठा लूं, तो क्या हो जायेगा,,
सोचती हूँ कभी-कभी ।

ये जाती-धर्म, उंच-नीच का भेद मिटाकर,
सब एक साथ हों,
ऐसी दुनिया कैसी होगी, सोचती हूँ कभी-कभी ।

क्या इतना मुश्किल होता है ख़ुद को बदलना,
जिसके आगे जीवन भी हो जाता है इतना सस्ता,
सोचती हूँ कभी-कभी ।

अगर मैं न रहूँ, तो क्या थम जायेगा,

कुछ आंसू फिर सब वक़्त के साथ बह जाएगा,

क्या मेरा ये क़िस्सा बस यहीं ख़तम हो जायेगा,

सोचती हूँ कभी-कभी |

Image by freepik

फ़साना

हमारे इश्क़ का बस इतना सा फ़साना है,
वो अपने हुस्न में मग़रूर थे,
और हमें अपने इश्क़ पर ग़ुरूर था |
ये वक़्त है साहब एक दिन तो पलटता है,
अब उन्हें हमारे इश्क़ पर ग़ुरूर है,
पर अब हम मग़रूर हो गए |

====

क़िस्सा

ज़िन्दगी का मेरी हर रोज का ये क़िस्सा है,
मेरे हर पल हर दिन का ये हिस्सा है |
हर रोज़ तेरी तारीफ़ में कुछ नया लिखती हूँ,
हर दिन शाम ढले ख़ुद ही मिटा देती हूँ |
हर बार कुछ बदला सा होता है तुझमें,
हर दफ़ा तू लगे नया सा मुझे |
अभी अधूरी है मेरी खोज,
बाकी है अभी और क़रीब से पहचानना तुझे |

====

अकेला

ऐ दोस्त !
तेरे इस शहर की चकाचौंध में, दिलों में अंधेरा है,
लाखों की भीड़ में भी, हर शख़्स अकेला है |

=====

मंसूबे

अगर तेरे मंसूबों का पहले से पता होता,
तो ना ये दिल कभी तुझसे जुड़ा होता |

काश ना तुमने कुछ कहा होता,
काश ना मैंने कुछ सुना होता |

तेरे जाने से जीना मुहाल तो था,
पर तेरे साथ रहना भी अभिशाप होता |

=====

दर-बदर

जिस सुकून-ए-दिल को,
ढूँढते रहे होकर दर-बदर,
वो कमबख़्त छुपा बैठा था,
किसी कोने में हमारे ही अंदर |

=====

रिहाई

सोचा था सो जाएंगे, तो तेरी यादों से,
कुछ पल की आज़ादी मिल जाएगी |
पर तेरी याद भी तेरी ही तरह जिद्दी है,
कमबख़्त ख़्वाबों में भी रिहाई ना दी |

=====

इब्तिदा-ए-'इश्क़

इब्तिदा-ए-'इश्क़ ने,
बे-ग़ैरत इस क़दर बना दिया की,
अपनी दहलीज़ पे उसने,
बार-बार तौहीन की हम बार-बार आए |

=====

तलाश

कभी-कभी मंज़िल पर पहुंच कर भी,
वो सुकून नहीं मिलता,
जो मंज़िलों की तलाश में,
रास्तों पे भटकने पे मिलता है |
इश्क़ के मुकम्मल होने में वो बात कहां,
जो इश्क़ को पाने की जद्दोजहद में है |

=====

ग़फ़लत

ग़फ़लत में जी रहे थे,
कि हमसे अच्छा कोई नही,
पर किसी ने आईना दिखा दिया |

====

बेताब

हसरत-ए-दिल बेताब है,
तेरे बज़्म में आने को |
सुना है वहां इश्क़ की तौहीन भी,
बड़े इश्क़ से होती है |

====

तमन्ना

मुद्दतों से तमन्ना थी,
कि तेरे लब पर मेरा नाम आए |
इंकार-ए-मोहब्बत ही सही,
तेरे लब पे मेरा नाम तो आया |

=====

क़िस्मत

सुन-सुन कर थक गया कि, क़िस्मत से ही सब मिलता
है,
तू व्यर्थ ही भाग रहा नामुमकिन मंज़िलों के पीछे |
आख़िर मैंने भी दिल में ठानी,
नहीं चलने दुंगी क़िस्मत की मनगानी |
पूरा करके दिखाऊंगी जो दिल मे है ठानी ,
रात-दिन,दिन-रात करती रहूँगी कोशिशें |
देखना एक दिन क़िस्मत बनाने वाला,
ख़ुद आकर कहेगा, जा ले जा अपनी क़िस्मत |

=====

तेरा ही सब कुछ

सवाल भी तेरे, जवाब भी तेरे,

सुख भी तेरे, दुख भी तेरे,

होठों पे मुस्कान भी तेरी,

आंखों के सैलाब भी तेरे,

सच भी तेरा झूठ भी तेरा,

इस दिल के हर जज़्बात भी तेरे,

इल्ज़ाम भी तेरा, अदालत भी तेरी,

दलीलें भी तेरी, सज़ा भी तेरी,

सब कुछ तो है तेरा,

मुझमे कुछ ना मेरा |

Image by freepik

तग़ाफ़ुल

तुझसे इश्क़ जिस शिद्दत से किया,
तेरे अंदाज़-ए-तग़ाफ़ुल को भी सराखों पे बिठाया |

====

एक बार फिर से

इज़हार-ए-मोहब्बत कर दो, एक बार फिर से,
वो पुरानी शाम मेरे नाम कर दो, एक बार फिर से |
कुछ लम्हा ठहर जाओ बिना गिले-शिकवों के,
मैं तेरी ख़ुशबू को क़ैद कर लूं ता-उम्र के लिए,
एक बार फिर से |

====

प्यार की पनाह

सुना था लोगों से इश्क़ के बारे में,
होते हैं लाखों काँटें इसकी राहों में |

हो जाता है दिल इसमें इतना मजबूर,
सब कुछ लगता है बेगाना सा,
दिल हो जाता है सबसे दूर |

हमेशा खोया रहता किसी के ख़यालों में,
रातें गुज़रती है उसकी, अब तो किसी के ख़्वाबों में |

ये सब देखकर मैंने दिल को कितनी बार समझाया,
नहीं चलना है इन राहों में,

पर दिल तो दिल है, इसने किसकी सुननी थी,
ना चाहते हुए भी मैं आ गया प्यार की पनाहों में |

=====

कल की बात

वर्षों हो गए तुमसे मिले,
पर लगता है कि जैसे कल की ही बात हो |
हर एक पल, हर एक लम्हा,
हर एक याद लगती है नई सी |
तुम दूर हो मुझसे कितने,
पर लगता है कितने पास हो |

=====

मेरी तन्हाई

क्या हसीं ख़्वाब आँखों में सजाएं थे,
जहाँ तक देखा सिर्फ तुम ही तुम थे |
इस जहां से उस जहां तक,
सिर्फ तुम और सिर्फ तुम थे |
पर ख़्वाब तो आख़िर ख़्वाब होते है,
जब आँख खुली तो देखा,
ना तुम थे ना वो फ़ज़ाएँ, बदले थे सारे नज़ारे,
अगर कुछ था तो सिर्फ मैं और मेरी तन्हाई |

=====

उजाले

दिलों में उजाले हो तो अँधेरे कैसे भी हों मिट जायेंगे,
अगर सोच हो उजली तो काली सोच को भी,
उजला बना जायेंगे |

भले न चढ़ा पाएं मंदिर और काबे पर चढ़ावा,
चलकर किसी ग़रीब का चूल्हा जलाकर आयें |

न कर पाएं आरती या नमाज़ तो क्या,
चलो किसी ग़रीब बच्चे को पढ़ाया जाए |

चलो मिलकर आपस में ख़ुशियाँ और प्यार बाँटा जाए,
अपने लोगों और अपने देश का भविष्य,
उज्वल बनाया जाए |

=====

काली स्याही

ओ रब्बा,

तुने मेरी ज़िन्दगी की किताब का हर पन्ना,
काली स्याही से क्यों लिखा ?
और अभी भी लिखता ही जा रहा,
बहुत सब्र और हौसला है मुझमे |
मैं इंतज़ार करूँगी की,
कब तेरी वो काली स्याही खत्म हो,
और मेरी किताब के पन्नों पर,
एक और नया रंग हो |

=====

चले जाओ

आज तक तुमने मेरी कोई बात नहीं मानी,
आज बस ऐसे ही कहा चले जाओ मेरी ज़िंदगी से,
और तुमने मान ली |

Image by freepik

दस्तूर

तेरे शहर का भी अजब दस्तूर है,
हर इंसान यहाँ कितना मजबूर है |
एक साथ तो रहते हैं पर दिल से कितने दूर हैं,
बनावटी ये चेहरे, यहाँ रिश्ते कितने कमजोर हैं |
प्यार का तो बस नाम है,
अहम् ने कसके थामी डोर है |

=====

आँखों की जुबां

कहते हैं की छुपाये नहीं छुपते ये इश्क़ के राज़,
जो लब न कह सकी आँखें कहती वो बात |
हमने तो आँखों से बयां कर दिए हज़ारों अफ़साने,
वो समझ न पाए आँखों की जुबां,
या जान कर भी बन बैठे अनजाने |

=====

ज़िक्र

तू बहुत दूर है नज़रों से लेकिन,
हर लम्हा तुम्हे देखते हैं |
सर-ए-बज़्म ज़िक्र कोई भी हो,
हम सिर्फ़ तुम्हे और बस तुम्हे कहते हैं |

====

क़ाफ़िला

ये ज़िन्दगी का क़ाफ़िला किसके रोके रुका है,
एक सफ़र ख़तम तो दूजा चल पड़ा है |
चलना ही तो ज़िन्दगी है,
कोई रो के तो काव्या शेखर है |

====

आवारगी

आवारगी सा सफ़र था, न कोई हमसफ़र था,

अपनों के इस पराये शहर में अनजान सा डगर था |

किसी से सुना था की बस चलते जाओ,

रास्ते ख़ुद-बख़ुद बन जायेंगे,

तुझे तेरा मकां मिल जायेगा |

पर यहाँ तो क़िस्सा ही उल्टा है,

चलते-चलते रास्ते न जाने कब और कैसे उलझ गए,

मंजिलों का तो पता नहीं ज़ख्मों के सिलसिले बढ़ गए |

Image by freepik

काव्या शेखर का जन्म लखनऊ में हुआ था. इनकी संपूर्ण शिक्षा लखनऊ से हुयी है। इन्होंने हिंदी साहित्य को लेकर अपना परास्नातक किया है. इन्हें कविताओं और अभिनय में बहुत ही रूचि रही है। इन्होंने लखनऊ में कई सारे नाटकों में अभिनय भी किया है। फ़िलहाल मुंबई में रह रही है। कई सारे टेलीविजन शोज में बतौर लेखक भी कार्य कर चुकी है।

धन्यवाद

काव्या शेखर